Zur Frage der Untervermietung in Leipzig

von

Otto Meißgeier
Vorsitzender des Verbandes deutscher Mietervereine
zu Leipzig

Leipzig
Verlag von Veit & Comp.
1912

Sonderabdruck aus:
Volkswirtschaftliche und wirtschaftsgeschichtliche Abhandlungen
W. Stieda
zum 60. Geburtstage dargebracht

Zur Frage der Untervermietung in Leipzig.

Von Otto Meißgeier.

Während in Leipzig seit Jahren eine umfangreiche gemeinnützige Bautätigkeit mit Erfolg bemüht ist, den Bau von kleinen Familienwohnungen zu fördern, ist für die Unterbringung der Zimmermieter und Schlafleute in eigens für sie geschaffenen Räumen bisher noch wenig geschehen. Von einigen Heimen abgesehen, die den Charakter von Wohltätigkeitsanstalten tragen und nur eine geringe Personenzahl aufnehmen können, sind die Zimmermieter und Schlafleute auf die Wohn- und Schlafgelegenheiten angewiesen, die ihnen in mehr oder minder guter Beschaffenheit in privaten Haushaltungen geboten werden. Es handelt sich hierbei keineswegs um eine geringe Zahl von Personen. Die Zahl der Zimmermieter und Schlafleute zusammen betrug

	Männer	Frauen	Zusammen	$^0/_{00}$ der Haushaltungsbevölkerung
1890	28 028	9 613	37 641	108,3
1895	24 493	8 644	33 137	85,1
1900	31 336	9 790	41 126	91,9
1905*)	33 477	10 814	44 291	89,6

Bis auf das Jahr 1895, das noch unter dem Einfluß der wirtschaftlichen Krisis am Anfange der 90er Jahre stand, zeigen die absoluten Zahlen eine aufwärtssteigende Bewegung. Wenn auch im Verhältnis zur Bevölkerung die Zahl der Untermieter etwas zurückgegangen ist, was wohl mit der Verlegung größerer Betriebe nach nichteingemeindeten Vororten zusammenhängt, so sind die absoluten Zahlen erheblich genug, um die Frage aufwerfen zu lassen, ob die gegenwärtige rein private Befriedigung des Wohnungsbedürfnisses der Untermieter zu Mißständen geführt hat, die eine andere Art der Regelung dieser Frage erfordern. Auch die Tatsache, daß die Untervermietung sich in einer verhältnismäßig großen Zahl von Haushaltungen findet (1905: 237,6 $^0/_{00}$), muß Bedenken erwecken.

---

*) Die Ergebnisse der Volkszählung vom 1. Dezember 1910 liegen noch nicht vor.

Eine eingehende Untersuchung des Unter- bezw. Teilvermietungswesens haben wir nur für das Jahr 1897. Um die Durchführbarkeit eines im Jahre 1896 aufgestellten Regulativs über Teilvermietungen[1]) zu prüfen, wurden 1897 sämtliche Wohnungen mit Teilvermietung untersucht, im ganzen 22 037. Die Ergebnisse dieser Untersuchung waren derart, daß der Erlaß des genannten Regulativs aufgeschoben werden mußte. Von den untersuchten Wohnungen entsprachen 64,57 % nicht den Anforderungen des Regulativs. Die Hauptmißstände, die festgestellt wurden, waren zu geringer Luftraum (weniger als 10 cbm) und zu geringe Bodenfläche (weniger als $3^1/_2$ qm) auf den Kopf der Bewohner in den Schlafräumen. In 11 371 Fällen wurde das geforderte Luftminimum nicht erreicht, während in ungefähr ebensoviel Fällen (11 150) die Bodenfläche zu gering war. 1400 Personen mußten sich sogar mit weniger als 5 cbm Luftraum begnügen. Von Mißständen erheblicheren Umfangs sei dann noch hervorgehoben, daß in 2751 Fällen Küchen oder Räume, die nur indirekt oder überhaupt kein Tageslicht erhielten, zu Schlafzwecken benutzt wurden. In 2019 Fällen fehlte ferner für die abvermieteten Räume ein direkter Zugang vom Vorsaal oder sie waren von den Räumen des Vermieters nicht getrennt. Auch die Abortfrage war zum Teil ungenügend geregelt, in 3326 Fällen entsprachen die Wohnungen nicht den Mindestforderungen des Regulativs, das vorschrieb, daß ein Abort von nicht mehr als 10 Personen oder von nicht mehr als 3 Familien benutzt werden sollte. Bei 10,7 % der untersuchten Wohnungen, die nur aus einem heizbaren Zimmer mit oder ohne Zubehör bestanden, hätte auf Grund des Regulativs die Teilvermietung untersagt werden müssen.

Ohne Zweifel waren dies Mißstände, unter denen Gesundheit und Sittlichkeit leiden mußten. In der Folgezeit ist nun versucht worden, mit Hilfe der von der Wohlfahrts-, Bau- und Gesundheitspolizei ausgeführten Wohnungskontrollen die gröbsten Übelstände zu beseitigen. Aber erst 1904 schienen sich die Verhältnisse so weit gebessert zu haben, daß man glaubte, das Teilvermietungsregulativ in Kraft setzen zu können, ohne daß seine Handhabung zu Härten gegenüber den Betroffenen führen würde. Insbesondere war ein größerer Vorrat an kleinen Wohnungen vor-

[1]) Das Regulativ vom 18. Dezember 1896 ist erst am 5. November 1904 in der im Anhang abgedruckten Fassung in Kraft gesetzt worden.

handen, in denen die Familien, deren Wohnungen auf Grund des Regulativs geschlossen werden mußten, Aufnahme finden konnten.

Ob durch die fortgesetzten Wohnungskontrollen alle Schäden des Teilvermietungswesens, die im Jahre 1897 beobachtet wurden, beseitigt sind, läßt sich leider nicht feststellen, da eine geordnete Wohnungsaufsicht, die innerhalb eines gewissen Zeitraumes alle Wohnungen mit Teilvermietungen besichtigen könnte, in Leipzig noch nicht vorhanden ist und eine neue eingehende Wohnungsuntersuchung seit 1897 nicht stattgefunden hat. Über die Verhältnisse des Teilvermietungswesens geben aber bis zu einem gewissen Grade Aufschluß die im Zusammenhang mit den Volkszählungen vorgenommenen Aufnahmen der Haushaltungen und Wohnungen; einen Vergleich mit der Untersuchung vom Jahre 1897 lassen diese Aufnahmen, die rein statistischer Natur sind, allerdings nur in sehr beschränktem Umfange zu. Insbesondere ist aus der Statistik nicht zu ersehen, ob der in den Schlafräumen auf den Kopf der Bewohner entfallende Luftraum sowie der Anteil an der Bodenfläche genügend sind, ebenso erfahren wir nichts darüber, ob in Wohnungen mit Teilvermietung noch Küchen oder nicht direkt beleuchtete Räume zum Schlafen benutzt werden. Immerhin gibt die Wohnungs- und Haushaltungsstatistik doch auf eine Reihe wichtiger Fragen des Teilvermietungswesens Auskunft.

Untersuchen wir zunächst, wie sich im allgemeinen die Untervermietung im Jahre 1905 gegenüber dem Jahre 1900 entwickelt hat.

Es betrug die Zahl der

	Haushaltungen mit Zimmermietern und Schlafleuten	Zimmermieter und Schlafleute männlich	weiblich	Zusammen
1900	25 828	31 336	9 790	41 126
1905	27 654	33 477	10 814	44 291

Sowohl die Zahl der Haushaltungen als auch die Zahl der Zimmermieter und Schlafleute zeigen eine Zunahme. Die Zahl der Haushaltungen mit Teilvermietung hat sich um 1826 vermehrt, die Zahl der Untermieter dagegen bedeutend stärker, um 3165.

Diese im Verhältnis zu den Haushaltungen stärkere Zunahme der Untermieter braucht nicht notwendig eine stärkere Zusammendrängung der Bewohner der abvermietenden Haushaltungen zu bedeuten, offenbar hat vielmehr eine Verschiebung der Haushaltungen mit Teilvermietung hinsichtlich der Größe der

Wohnungen stattgefunden. Wie sich aus der nachstehenden Tabelle ergibt, sind am stärksten beteiligt an der Zunahme der abvermietenden Haushaltungen solche in Wohnungen mit 3 und 4 heizbaren Zimmern, während die Abvermietung in Wohnungen mit einem heizbaren Zimmer mit Zubehör etwas abgenommen hat.

Es waren Haushaltungen mit Zimmermietern und Schlafleuten*)

in Wohnungen von	1900	1905	Zu- oder Abnahme ±
0 heizb. Zimmer	3	3	—
1 „ „ ohne Zubehör	18	100	+ 82
1 „ „ mit „	3 078	2 921	— 157
2 „ „ „ „	10 875	11 258	+ 383
3 „ „ „ „	7 528	8 469	+ 941
4 „ „ „ „	2 788	3 228	+ 440
5 „ „ „ „	950	995	+ 45
6 „ „ „ „	335	368	+ 33
7 „ „ „ „	129	158	+ 29
8 und mehr „ „ „ „	124	154	+ 30

Als eine Besserung der Verhältnisse kann diese Verschiebung der Untervermietung nach den größeren Wohnungen hin nicht bezeichnet werden. Einmal ist die Abnahme in den unteren Wohnungsgrößenklassen viel zu gering, dann aber bedeutet die Aufnahme von Untermietern in größere Wohnungen immerhin ein Herabdrücken des Wohnniveaus. Allerdings ist dieses letztere Bedenken nicht so groß, wenn es sich, wie sich gleich ergeben wird, bei der Aufnahme von Untermietern in die größeren Wohnungen in der Hauptsache um Zimmermieter handelt.

Wenn wir nämlich die Statistik weiter verfolgen, so finden wir noch eine eigenartige Veränderung insofern, als im sozialen Charakter der Untervermietung eine starke Verschiebung eingetreten ist. Von 1900 bis 1905 hat sich, wie sich aus der nachfolgenden Tabelle ergibt, nur die Zahl der Haushaltungen mit Zimmermietern vermehrt, dagegen weist die Zahl der Haushaltungen mit Schlafleuten einen starken Rückgang auf. Die gleiche Veränderung zeigt sich bei den Zimmermietern und Schlafleuten selbst.

---

*) Die Haushaltungen, in denen sich Zimmermieter und Schlafleute zugleich befinden, sind immer den Haushaltungen mit Schlafleuten zugezählt.

Es betrug

	die Zahl der Haushaltungen mit		die Zahl der	
	Zimmermietern	Schlafleuten	Zimmermieter	Schlafleute
1900	11 625	14 203	18 259	22 867
1905	15 520	12 134	25 566	18 725
Zu- oder Abnahme	+ 3 895	— 2 069	+ 7 307	— 4 142

Da mit der Abnahme der Zahl der Schlafleute selbst kein Rückgang der Untervermietung im ganzen eingetreten ist, sondern diese sogar eine Zunahme um 1826 Haushaltungen mit 3165 Untervermietern aufweist, so muß sich, zumal auch die Zahl der Haushaltungen mit Zimmermietern sowie die Zahl der Zimmermieter stärker gewachsen ist, als die gesamte Untervermietung, eine Verschiebung derart vollzogen haben, daß Schlafstellen in eine sozial höhere Form der Untervermietung, in eine Art „Garçonlogis" umgewandelt worden sind.

Das ergibt sich schon aus der Tatsache, daß nur die Zahl der männlichen Schlafleute abgenommen hat, während die Zahl der weiblichen eine kleine Zunahme zeigt. Bei den Zimmermietern ist dann natürlich auch bei den männlichen die Vermehrung am stärksten.

Es betrugen die Zahlen der

	Zimmermieter		Schlafleute	
	männlich	weiblich	männlich	weiblich
1900	13 535	4724	17 801	5066
1905	19 894	5672	13 583	5142
Zu- oder Abnahme	+ 6 359	+ 948	— 4 218	+ 76

Wie stark diese Verschiebung des sozialen Charakters der Vermietung in den einzelnen Wohnungsgrößenklassen ist, zeigt folgende Tabelle.

Es betrug die Zahl der Haushaltungen mit

	Zimmermietern			Schlafleuten		
in Wohnungen mit	1900	1905	Zu- oder Abnahme	1900	1905	Zu- oder Abnahme
0 heizb. Z.	2	1	— 1	1	2	+ 1
1 „ „ ohne Zub.	5	35	+ 30	13	65	+ 52
1 „ „ mit „	626	880	+ 254	2452	2041	— 411
2 „ „ „ „	3572	5082	+ 1510	7303	6176	— 1127
3 „ „ „ „	4126	5411	+ 1285	3402	3058	— 344
4 „ „ „ „	2052	2635	+ 583	736	593	— 143

in Wohnungen mit	Zimmermietern 1900	1905	Zu- oder Abnahme	Schlafleuten 1900	1905	Zu- oder Abnahme
5 heizb. Z. mit Zub.	756	862	+ 106	194	133	— 61
6 „ „ „ „	285	331	+ 46	50	37	— 13
7 „ „ „ „	105	142	+ 37	24	16	— 8
8 u. m. „ „ „	96	141	+ 45	28	13	— 15

Zum Teil dürfte diese ganze Verschiebung wohl auf die Anwendung des Regulativs über Teilvermietungen zurückzuführen sein, wonach die Küchen und Räume, die der direkten Belichtung entbehren, nicht mehr zum Schlafen benutzt, und ferner Räume, die keinen eigenen Zugang vom Vorsaal haben, nicht mehr abvermietet werden dürfen. In vielen Fällen wird man diesen Bestimmungen dadurch Rechnung getragen haben, daß der Schlafbursche zum Schlafen einen besonderen Raum erhalten hat, ohne daß er nun gerade zum „Garçonherrn“ aufgerückt sein wird. Ob diese Verschiebung für die abvermietenden Haushaltungen eine Verbesserung des Wohnens gebracht hat, darf bezweifelt werden, meist wird die Abgabe eines besonderen Raumes an den Untermieter eine Einengung des Schlafraumes der Familie bedeuten.

Die Verschiebungen im sozialen Charakter der Untervermietung können allerdings auch auf verändertem Sprachgebrauch beruhen, daß nämlich ein großer Teil der Schlafleute neuerdings als „Untermieter“ bezeichnet worden ist. Für die weitere Untersuchung muß daher wegen der Unsicherheit der Unterscheidung von Zimmermietern und Schlafleuten von einer Vergleichung der Zählungen der Jahre 1900 und 1905 abgesehen werden.

Betrachten wir nun die Verhältnisse des Teilvermietungswesens des Jahres 1905 näher, so finden wir als erste unerfreuliche Tatsache, daß die Haushaltungen mit Untervermietung sich in der Hauptsache in den kleinen Wohnungen von 1—4 Zimmern finden.

Es entfallen von den Haushaltungen mit

auf Wohnungen	Zimmermietern %	Schlafleuten %	Untermietern überhaupt %
mit 1 heizb. Zimmer m. Zubehör	5,7	16,8	10,5
„ 2 „ „ „ „	32,7	50,9	40,7
„ 3 „ „ „ „	34,8	25,2	30,6
„ 4 „ „ „ „	16,3	4,8	11,6

Die Haushaltungen mit Untervermietung verteilen sich also hauptsächlich auf die 2- und 3-Zimmerwohnungen, namentlich die Schlafstellenvermietung bietet ein ungünstiges Bild insofern, als hier allein 67,7 % der Haushaltungen mit Schlafleuten sich in Wohnungen mit 1 und 2 Zimmern finden. Auf eine bedenkliche Erscheinung sei aber vor allen Dingen hingewiesen. 10,9 % der Haushaltungen mit Teilvermietung (= 3024) finden sich in den allerkleinsten Wohnungen bis zu einem heizbaren Zimmer mit Zubehör. Soweit diese Wohnungen nur aus Stube, Kammer und Küche bestehen, ist nach dem Regulativ über Teilvermietungen bis auf gewisse Ausnahmen (s. Regulativ § 2, Abs. 2) das Abvermieten überhaupt untersagt. Trotzdem wurde 1905 in einer so beträchtlichen Anzahl solcher kleinen Wohnungen noch Abvermietung getrieben. Gegenüber 1900, wo die Ziffer dieser Wohnungen 3099 betrug, ist der Rückgang, der nur 75 ausmacht, sehr gering.

Als ein weiteres ungünstiges Moment ist es zu betrachten, daß auch innerhalb der einzelnen Wohnungsgrößenklassen die Haushaltungen mit Teilvermietung bei den Wohnungen von 1—4 Zimmern einen erheblichen Prozentsatz ausmachen.

Es betrug der Anteil der Haushaltungen mit

	Zimmermietern	Schlafleuten	Untermietern überhaupt
in den Wohnungen	%	%	%
mit 1 heizb. Zimmer m. Zubehör	3,61	8,39	12,00
„ 2 „ „ „ „	11,53	14,02	25,55
„ 3 „ „ „ „	21,62	12,22	33,84
„ 4 „ „ „ „	24,62	5,54	30,16

Hier tritt die starke Anhäufung der Haushaltungen mit Teilvermietung in den unteren Wohnungsgrößenklassen besonders deutlich hervor. Bei den Wohnungen mit 3 heizbaren Zimmern steigt die Zahl der Haushaltungen mit Untervermietung bis auf 33,84 vom Hundert, während die Summe der abvermietenden Haushaltungen von der Gesamtzahl der Haushaltungen überhaupt nur 23,76 % ausmacht.

Noch ungünstiger ist das Bild der Verteilung der Haushaltungen mit Teilvermietung, wenn wir die Alt-Leipziger Verhältnisse allein betrachten.

Es kommen in Alt-Leipzig auf 100 Haushaltungen solche mit

in den Wohnungen	Zimmermietern	Schlafleuten	Untermietern überhaupt
mit 1 heizb. Zimmer u. Zub.	5,96	10,04	16,00
„ 2 „ „ „ „	16,04	15,53	31,57
„ 3 „ „ „ „	29,48	13,55	43,03
„ 4 „ „ „ „	31,31	5,86	37,17

Die starke Besetzung der unteren Wohnungsgrößenklassen mit Zimmermietern und Schlafleuten ist natürlich nicht ohne Einfluß auf die Wohndichtigkeit, die wir hier allerdings nur aus der Größe der Haushaltungen ersehen können. Die Wohndichtigkeit in Wohnungen mit Teilvermietung ist regelmäßig größer als der Gesamtdurchschnitt aller Haushaltungen derselben Wohnungsgrößenklasse.

Es kommen Personen auf die Haushaltungen mit

in Wohnungen	Über-haupt	Zimmer-mietern ohne Schlafleute	Schlaf-leuten ohne Zimmer-mieter	Schlaf-leuten und Zimmer-mietern
mit 1 heizb. Zimmer m. Zub.	3,6	4,3	4,5	5,5
„ 2 „ „ „ „	4,3	4,8	5,4	6,0
„ 3 „ „ „ „	4,4	4,9	5,8	6,2
„ 4 „ „ „ „	4,6	5,3	6,6	7,0

Die Haushaltungen mit Zimmermietern allein haben eine stärkere Wohndichte als die Gesamtzahl der Haushaltungen; die Wohndichtigkeit steigt dann weiter bei den Haushaltungen mit Schlafleuten und ist schließlich am höchsten bei Haushaltungen, in denen sich Zimmermieter und Schlafleute zugleich finden.

Betrachtet man die Haushaltungen für sich, in denen der Haushaltungsvorstand ein Ehepaar ist, so erhält man eine noch stärkere Steigerung der Wohndichtigkeit bei den abvermietenden Haushaltungen.

In Haushaltungen, wo der Haushaltungsvorstand ein Ehepaar ist, kommen im Durchschnitt Personen auf die Haushaltung mit

	Über-haupt	Zimmer-mietern ohne Schlafleute	Schlaf-leuten ohne Zimmer-mieter	Schlaf-leuten und Zimmer-mietern
in Wohnungen				
mit 1 heizb. Zimmer m. Zub.	3,9	5,0	5,0	6,5
„ 2 „ „ „ „	4,4	5,2	5,7	6,5
„ 3 „ „ „ „	4,6	5,4	6,1	6,8
„ 4 „ „ „ „	4,9	5,7	6,8	7,5

In welcher Weise sich die Zimmermieter und Schlafleute auf die einzelnen Wohnungsgrößenklassen verteilen, läßt sich aus dem zur Verfügung stehenden statistischen Material nicht ersehen. Es kann indessen eine Übersicht gegeben werden, wie stark die Untervermietung in den einzelnen Stadtteilen verbreitet ist und wieviel Untermieter im Durchschnitt auf eine Haushaltung kommen. Über beide Fragen geben die Tabellen A 1, A 2, B 1, B 2 Auskunft. Zu diesen Tabellen sei bemerkt, daß die Haushaltungen, in denen sich Zimmermieter und Schlafleute zugleich finden, sowohl bei den Haushaltungen mit Zimmermietern, als auch bei denen mit Schlafleuten gezählt worden sind.

Aus den Tabellen sei folgendes hervorgehoben: Absolut genommen ist die Untervermietung am stärksten in Neu-Leipzig, und zwar überwiegen in Neu-Leipzig die Schlafstellen, in Alt-Leipzig die Haushaltungen mit Zimmermietern. Im Verhältnis zur Zahl der vorhandenen Haushaltungen ist die Untervermietung aber am weitesten verbreitet in Alt-Leipzig, wo ein Drittel (33,20 %) der Haushaltungen abvermietet, gegenüber einem Fünftel (19,96 %) in Neu-Leipzig. Hinsichtlich der Zahl der Untermieter ist Alt-Leipzig mit 13,20 % der Bevölkerung Neu-Leipzig überlegen, wo nur 6,49 % der Bevölkerung Untermieter sind. Während dann Alt-Leipzig mehr Zimmermieter aufweist als Neu-Leipzig, ist es bei den Schlafleuten umgekehrt. Aus dieser Art der Verteilung der Haushaltungen und Untermieter ergibt sich dann, daß Alt-Leipzig auch hinsichtlich der auf eine Haushaltung entfallenden Durchschnittszahl der Untermieter ungünstiger dasteht als Neu-Leipzig, und zwar sowohl hinsichtlich der Zimmermieter als auch der Schlafleute.

Wenn wir die einzelnen Stadtteile der inneren Stadt betrachten, so ergeben sich noch ungünstigere Verhältnisse. Die höchste Zahl der Haushaltungen mit Untermietern finden wir in der inneren Südvorstadt (43,62 %), dann folgen die Südostvorstadt (40,11 %), die Nordostvorstadt (39,89 %), die innere Nordvorstadt (39,81 %) usw. Wie die Durchschnittszahl der auf eine Haushaltung entfallenden Untermieter in diesen Stadtteilen eine höhere ist als der Gesamtdurchschnitt — für die Zimmermieter steigt die Durchschnittszahl bis 2,1 (Südvorstadt), für die Schlafleute bis 2,3 (äußere Nordvorstadt) —, so wird auch die Wohndichtigkeit in diesen Bezirken höher sein als der oben mitgeteilte Gesamtdurchschnitt.

Das Schlafstellenwesen ist verhältnismäßig am stärksten verbreitet in Plagwitz (16,45 % der Haushaltungen), in Kleinzschocher (14,84 %) und in Lindenau (13,54 %), doch sind die Zahlen der auf eine Haushaltung im Durchschnitt entfallenden Schlafleute niedriger als in Alt-Leipzig.

Für die Beurteilung der wirtschaftlichen Bedeutung der Untervermietung ist die Beantwortung der Frage wichtig, welche Kreise sich mit dem Vermieten von Teilen ihrer Wohnung beschäftigen. Hier gibt das statistische Material nur Aufschluß über Geschlecht und Familienstand der Haushaltungsvorstände.

Als abvermietende Haushaltungen kommen in erster Linie solche in Frage, deren Vorstand ein Ehepaar ist, als zweitstärkste Gruppe die alleinstehenden Frauen und dann die alleinstehenden Männer. Die nachfolgende Tabelle zeigt die absoluten Zahlen dieser Gruppen und zugleich den sozialen Charakter, den die Untervermietung bei ihnen hat.

Unter den Haushaltungsvorständen, welche abvermieten, finden sich

	Ehepaare	Einzelne Frauen	Einzelne Männer
	19 390	7567	697
Davon vermieteten ab			
an Zimmermieter	10 326	4745	449
„ Schlafleute	8 317	2423	218
„ Zimmermieter und Schlafleute	747	399	30

Für die wirtschaftliche Bedeutung der Abvermietung besonders wichtig ist es zu wissen, in welchem Verhältnis diese abvermietenden Haushaltungen zur Gesamtzahl der Haushaltungen dieser Gruppen stehen. Es ergibt sich da folgendes Resultat:

Es vermieten ab von den Haushaltungen, deren Vorstand

ein Ehepaar	21,7 %
eine einzelne Frau	36,3 %
ein einzelner Mann	12,6 %

Während also die Ehepaare, absolut genommen, das Hauptkontingent der Abvermieter bilden, wird in der Gruppe der alleinstehenden Frauen verhältnismäßig die stärkste Untervermietung getrieben. Bei dieser Gruppe dürfte die Einnahme aus der Teilvermietung einen größeren Teil des Einkommens ausmachen. Besondere Mißstände scheinen hier aber, soweit sich dies auf Grund der Statistik beurteilen läßt, nicht vorzukommen, wenigstens ist die Wohndichtigkeit in den einzelnen Wohnungsgrößenklassen verhältnismäßig gering.

Im Anschluß hieran sei noch die Frage erörtert, ob in Leipzig aus der Untervermietung ein Geschäft größeren Umfanges gemacht wird, derart, daß in ungesunder Weise an eine den Räumen nicht entsprechende Anzahl von Leuten Schlafstellen vermietet würden. Wo man solche Verhältnisse vermuten könnte, nämlich in den Wohnungen von 5 Zimmern und darüber, in denen sich Schlafleute sowie Zimmermieter und Schlafleute zugleich befinden, scheinen, soweit sich dies aus den Gesamtziffern und der Wohndichtigkeit ersehen läßt, größere Übelstände nicht zu herrschen.

Es finden sich

in Wohnungen mit	Haushaltungen mit Schlafleuten	Personen	Personen auf eine Haushaltung
5 heizb. Zimmern	87	628	7,2
6 „ „	17	146	8,6
7 „ „	11	73	6,6
8 „ „	4	35	8,7
9 „ „	—	—	—
10 „ „ u. mehr	3	24	8,0

in Wohnungen mit	Haushaltungen mit Schlafleuten und Zimmermietern	Personen	Personen auf eine Haushaltung
5 heizb. Zimmer	46	364	7,9
6 „ „	20	169	8,4
7 „ „	5	48	9,6
8 „ „	2	18	9,0
9 „ „	—	—	—
10 „ „ u. mehr	4	52	13,0

Diese Übersicht zeigt eine ungewöhnlich hohe Durchschnittsziffer der Haushaltsangehörigen, die indes nur dann schädlich zu sein braucht, wenn sich mehrere solcher Haushaltungen in einer Wohnung befinden sollten, was aus der Statistik nicht hervorgeht. Im übrigen ist aber die Zahl dieser Wohnungen über 5 Zimmer, in denen sich Schlafstellen finden, so gering, daß von einem erheblichen Mißstand nicht gesprochen werden kann.

Fassen wir unsere bisherige Untersuchung zusammen, so ergibt sich folgendes:

Soweit sich aus der Wohnungs- und Haushaltungsstatistik vom 1. Dezember 1905 ersehen läßt, ist in Leipzig ein eigentliches Schlafstellenunwesen, wie es sich etwa in London findet, nicht vorhanden. Deswegen können aber noch keineswegs die Verhältnisse auf dem Gebiete des Teilvermietungswesens in Leipzig als günstig bezeichnet werden. Schon die Tatsache, daß nahezu der 4. Teil der gesamten Leipziger Haushaltungen, in einzelnen Stadtteilen sind es sogar bis über 40%, Untermieter aufnimmt, muß zu Bedenken Anlaß geben.

Dabei fällt vor allen Dingen ins Gewicht, daß die Untervermietung sich in der Hauptsache in kleinen und kleinsten Wohnungen findet, die an und für sich schon nur über einen geringen Wohnraum verfügen. Die im Jahre 1905 gegenüber 1900 zu beobachtende stärkere Benutzung größerer Wohnungen für Untervermietung kann nur in sehr beschränktem Maße als ein Fortschritt bezeichnet werden. Auf jeden Fall bedeutet der Übergang zur Untervermietung in größeren Wohnungen ein Herabdrücken des Wohnniveaus der betreffenden Familien.

Für die Zukunft dürfte diese Verschiebung der Untervermietung nach den größeren Wohnungen hin in noch stärkerem Maße zu erwarten sein. Im Jahre 1905 war bei über 3000 Wohnungen bis zu einem heizbaren Zimmer noch Untervermietung anzutreffen, obwohl sie bei der Mehrzahl dieser Wohnungen eigentlich verboten ist. Dabei haben 1905 auf dem Wohnungsmarkte keineswegs ungünstige Verhältnisse geherrscht. Die Zahl der leerstehenden Wohnungen betrug 1905 nahezu 4 % der Gesamtzahl der Wohnungen. Unter dem seit 1905 eingetretenen Rückgang der Zahl der leerstehenden Wohnungen ist hinsichtlich der Untervermietung in den kleinsten Wohnungen wohl kaum eine Verbesserung eingetreten. Im Gegenteil scheinen noch sehr schlimme Verhältnisse zu bestehen. Der Jahresbericht des Stadtbezirksarztes für 1908 bemerkt nämlich über die Handhabung der Wohnungsaufsicht: „Bei dem Mangel an Kleinwohnungen verbot es sich von selbst, energisch einzugreifen, man war sogar gezwungen, recht mißliche Wohnungsverhältnisse, namentlich Überfüllungen, bestehen zu lassen.“ Aber auch aus den Wohnungen mit zwei heizbaren Zimmern dürften noch Untermieter entfernt werden müssen, wenn erst die Wohnungsaufsicht wirklich zur Durchführung gelangt ist. Ferner dürfte die beabsichtigte Ausdehnung der Wohnungsaufsicht auf Wohnungen, in denen Gewerbsgehilfen des Wohnungsinhabers mit schlafen, dahin führen, daß ein Teil der Gewerbsgehilfen fortan außer dem Hause wird schlafen müssen, denn es ist fraglich, ob die Schlafräume der Gewerbsgehilfen immer den gesetzlichen Anforderungen entsprechen werden. Im Jahre 1905 fanden sich in 3495 Haushaltungen 6015 männliche und 2501 weibliche Gewerbsgehilfen, im Durchschnitt 2,4 auf die Haushaltung, in Alt-Leipzig sogar 2,9. Die Durchschnittszahlen sind also höher als bei der Untervermietung.

Die straffere Durchführung der Wohnungsaufsicht wird demnach als notwendige Folge haben, daß die Untervermietung, da sie in den kleinen Wohnungen begrenzt ist, entweder in den Wohnungen, die bereits Untermieter haben, verstärkt auftritt oder sich auf neue Wohnungen ausdehnt, eine Entwicklung, die bei der jetzt schon starken Besetzung der unteren Wohnungsgrößenklassen und der weiten Verbreitung des Untervermietungswesens keineswegs erwünscht ist.

Notwendig erscheint es aber auch, den gegenwärtigen Umfang der Untervermietung in den unteren Wohnungsgrößenklassen einzuschränken und den privaten Wohnungsmarkt in dieser Beziehung zu entlasten. Dafür sprechen nicht allein gesundheitliche und sittliche Gründe, sondern auch die Rücksicht auf die Preisgestaltung des Wohnungsmarktes, die durch die Untervermietung ungünstig beeinflußt wird. Eine so starke Verbreitung der Untervermietung in den unteren Wohnungsgrößenklassen und ebenso in einzelnen Stadtteilen, wie wir sie in Leipzig haben, kann nicht ohne Wirkung auf die Gestaltung der Mietpreise bleiben. Statistisch läßt sich allerdings eine Steigerung der Mieten als Folge der Untervermietung für Leipzig nicht nachweisen, da aber der Mietpreis immer einer gewissen Grenze zustrebt, die durch die Einkommensverhältnisse der Mieter bezeichnet wird, so ist als ziemlich sicher anzunehmen, daß, wo ein Teil der Miete durch Untervermietung wieder eingebracht werden kann, auch der Mietpreis ein höherer sein wird. Diese Preissteigerung wird sich zum Teil auch auf die Wohnungen fortsetzen, die nicht abvermieten. Besonders da, wo die Untervermietung so weit verbreitet ist, wie in den unteren Wohnungsgrößenklassen oder in einzelnen Stadtteilen, wird sich bald ein einheitliches Preisniveau für alle Wohnungen einstellen, für dessen Höhe die Mietpreise maßgebend sein werden, die bei der stärksten Ausnutzung der Wohnräume gezahlt werden können.

Auch wenn in Leipzig nicht besonders schwere Mißstände auf dem Gebiete des Teilvermietungswesens bestehen, so gibt es also eine Reihe von Gründen, die gegen eine weitere Ausdehnung der Aufnahme von Untermietern in die Familienhaushaltungen und für die Schaffung besonderer Wohngelegenheiten für Ledige sprechen: Die schon bestehende starke Verbreitung der Untervermietung, besonders in den unteren Wohnungsgrößenklassen und in einzelnen Stadtteilen, die für die Zukunft zu erwartende Zunahme der Untervermietung in den größeren Wohnungen und schließlich die Wirkung der durch die Untervermietung erzielten Einnahmen auf die Mietpreise der Wohnungen. Mit der strafferen Handhabung der Wohnungsaufsicht werden die gröbsten Schäden des Untermieterwesens allmählich beseitigt werden. Daneben wird man aber auch auf die Schaffung besonderer Wohngelegenheiten für Ledige bedacht sein müssen, damit die Untervermietung nicht in immer neue Haushaltungen vordringt. Den Wohnungsmarkt zum Teil von den Zimmermietern und Schlafleuten zu entlasten, muß neben der Durchführung der Wohnungsaufsicht ins Auge gefaßt werden. Erst wenn dieses in größerem Umfange geschieht, wird eine Gesundung unseres Wohnungswesens, besonders auch hinsichtlich der Mietpreise, eintreten können.

Diesen Fortschritten, die die Schaffung von Ledigenheimen bringen würde, stehen verschiedene Bedenken gegenüber, die hier noch erörtert werden müssen.

Da außerordentliche Mißstände auf dem Gebiete des Untervermietungswesens in Leipzig nicht bestehen, so könnte man der Meinung sein, daß ein Ledigenheim nicht genügend benutzt werden würde. Darauf ist einmal zu sagen: Daß gerade solche Untermieter, die unter besonders schlechten Verhältnissen wohnen, sich dem Ledigenheime zuwenden würden, ist nicht anzunehmen. Der Trieb, seine Lage zu verbessern, ist gerade bei den alleruntersten Schichten der Bevölkerung am wenigsten vorhanden. So finden wir auch bei dem Charlottenburger Ledigenheim, daß im Jahre 1908 unter 1162 Mietern nur 410 waren, die in Schlafstellen gewohnt hatten. Das Arbeiterheim in Stuttgart hat in der Hauptsache gelernte Arbeiter als Mieter. Es sind also nicht die alleruntersten Schichten, die das Ledigenheim aufsuchen, und sie rekrutieren sich nur zum Teil aus Schlafstellen. Es brauchen daher auch nicht große Mißstände zu sein, die die Untermieter zum Ledigenheim führen. Schon die Engigkeit, die in den kleinen Wohnungen herrscht, wird viele veranlassen, dem Ledigenheim mit seinen luftigen Räumen den Vorzug vor der Schlafstelle oder dem kleinen Zimmer zu geben. Auch die Unordnung und Unsauberkeit, die in vielen kleinen Wohnungen anzutreffen ist, werden die Untermieter veranlassen, sich, wenn möglich, zu verbessern. Es ist ferner nicht jedermanns Sache, von der Freundlichkeit und der Gefälligkeit der Wirte in bezug auf Handreichungen der verschiedensten Art abhängig zu sein. Auch die Geselligkeit, die der Untermieter in der Familie des Wohnungsinhabers finden kann, ist durch die verfügbaren Räume und die frühe Schlafenszeit der Kinder sehr beschränkt. Bietet ein Ledigenheim luftige Räume, Reinlichkeit und Ordnung, hat es außerdem einen gemeinsamen Aufenthaltsraum für die Abende, so werden viele die Vorzüge, die das Leben in der Familie doch nur in sehr geringem Umfang bietet, kaum vermissen. Die Aufnahme solcher Untermieter mit schon höheren Bedürfnissen und Ansprüchen würde schon eine Verbesserung des Untervermietungswesens bedeuten, da ja ihre Zimmer und Schlafstellen frei würden für Personen, die bisher noch schlechter gewohnt haben.

Bis zu einem gewissen Grade werden natürlich solche Wohngelegenheiten für Ledige eine Konkurrenz sein für die Haushaltungen, welche bisher Untervermietung betrieben haben. Solange die Zahl der Untermieter zunimmt, wird diese Konkurrenz nur so weit von Bedeutung sein, als durch Ledigenheime denjenigen Haushaltungen, die wegen der Höhe der Mietpreise zur Untervermietung greifen wollen, die Untermieter entzogen werden. Der Schaden dürfte hier nur dann erheblich sein, wenn die betreffenden Haushaltungen eine Wohnung inne haben, deren Mietpreis in sehr großem Mißverhältnis zu ihrem Einkommen steht, wenn sie also von vornherein die Absicht hatten, gleich mehrere Untermieter aufzunehmen. Das ist besonders da der Fall, wo der Haushaltungsvorstand eine einzelne Frau ist, die durch Zimmervermieten ihren Lebensunterhalt erwirbt. Die Zahl dieser Frauen ist nicht unbeträchtlich, 1905 gab es 7567 solcher Haushaltungen, wovon aber etwa 62 % Haushaltungen mit Zimmermietern sind. Diese Haushaltungen mit Zimmermietern dürften kaum von der Konkurrenz eines Ledigenheims getroffen werden, und auch die Haushaltungen, in denen alleinstehende Frauen an Schlafleute abvermieten, werden in der Regel vor solchen bevorzugt, in denen schon ganze Familien hausen. Soweit sie keine großen Schäden zeigen, wird diesen Haushaltungen ihre Vorzugsstellung auch gegenüber einem Ledigenheim bleiben weil der Raum nicht zu sehr beengt ist, und weil hier die Möglichkeit vorhanden ist, daß von der Vermieterin für die Instandhaltung der Wäsche mit gesorgt wird.

Nun gibt es aber eine sehr große Zahl von Fällen, wo Familien eine größere Wohnung nehmen und darin abvermieten, weil sie andere Wohnungen nicht erhalten können, oder sie vermieten auch in kleinen Wohnungen ab, weil die Miete im Verhältnis zum Einkommen zu hoch ist. Soweit es sich dabei um Zimmervermietung handelt und die Verhältnisse sonst günstig sind, ist für diese Haushaltungen durch ein Ledigenheim nur wenig Konkurrenz zu befürchten. Bei Schlafstellen sind, wie Dr. Wiedfeldt nachgewiesen hat (Schriften der Zentralstelle für Arbeiter-Wohlfahrtseinrichtungen Nr. 26, S. 125 ff.), die Einnahmen aber nur dann erheblich, wenn an mehrere Schlafleute abvermietet wird. Solche Zustände sind indes keineswegs wünschenswert, und wenn die Konkurrenz eines Ledigenheims dahin führen würde, daß das Abvermieten an mehrere Schlafleute eingeschränkt wird, so wäre dies nur zu begrüßen. Vor allen Dingen muß hier auch bedacht werden, daß wenn eine Haushaltung aus der Untervermietung größere Einnahmen gewinnt, die Gefahr nahe liegt, daß ein Teil dieser Einnahmen wieder durch die Steigerung der Miete aufgezehrt wird, so daß der Vorteil der Untervermietung dann nur ein sehr geringer ist. Solange weiter die Möglichkeit besteht, daß Familien mit geringerem Einkommen die Mieten größerer Wohnungen durch Abvermietung aufbringen können, wird der Bau größerer Wohnungen vom Baugewerbe wegen der höheren Rentabilität bevorzugt werden. Schwindet diese Möglichkeit, so wird die erhöhte Nachfrage nach kleinen Wohnungen auch das Baugewerbe in dieser Richtung mehr beeinflussen. Das Baugewerbe wird sich dem Bau kleiner Wohnungen um so eher widmen, wenn durch die Wohnungsaufsicht die Untervermietung mit ihrer starken Abnutzung aus den kleinen Wohnungen entfernt wird.

Im übrigen wird die Konkurrenz eines Ledigenheims, da es von der großen Zahl der Untermieter nur einen geringen Teil aufnehmen kann, gar nicht so sehr zu befürchten sein. Die vorbildliche Einrichtung des Ledigenheims würde aber einen heilsamen Einfluß auf die private Untervermietung ausüben, insofern als die Konkurrenz eines solchen Unternehmens zu einer Verbesserung der Ausstattung der Räume und der sonstigen Verhältnisse in der privaten Untervermietung selbst führen würde, so daß sich mit der Schaffung eines Ledigenheims zwei Ziele würden erreichen lassen: Die Entlastung des Wohnungsmarktes von der zu starken Verbreitung der Zimmermieter und Schlafleute und die Verbesserung des Untervermietungswesens selbst.

Tabelle A 1.
Haushaltungen mit Zimmermietern.

	Haushaltungen mit Zimmermietern		Zimmermieter		Auf eine Haushaltung entfallen Zimmermieter
	Zahl	%	Zahl	% der Bevölkerung	
Alt-Leipzig . . .	9 650	23,05	16 514	9,05	1,7
Ostbezirke	3 155	9,85	4 051	3,12	1,2
Südbezirke . . .	311	5,26	362	1,51	1,1
Westbezirke . . .	2 298	9,38	2 938	2,73	1,2
Nordbezirke . . .	1 282	10,55	1 701	3,34	1,3
Neu-Leipzig . . .	7 016	9,45	9 052	2,91	1,2
Gesamt-Leipzig . .	16 696	14,34	25 566	5,17	1,5

Tabelle A 2.
Haushaltungen mit Schlafleuten.

	Haushaltungen mit Schlafleuten		Schlafleute		Auf eine Haushaltung entfallen Schlafleute
	Zahl	%	Zahl	% der Bevölkerung	
Alt-Leipzig . . .	4 252	10,15	7 563	4,15	1,7
Ostbezirke	3 125	9,76	4 247	3,27	1,3
Südbezirke . . .	382	6,46	473	1,97	1,2
Westbezirke . . .	3 309	13,51	4 909	4,56	1,4
Nordbezirke . . .	1 066	8,77	1 533	3,03	1,4
Neu-Leipzig . . .	7 882	10,51	11 162	3,58	1,4
Gesamt-Leipzig . .	12 134	10,42	18 725	3,78	1,5

Die Verhältniszahlen beziehen sich auf die Haushaltungen bezw. die Haushaltungsbevölkerung des betreffenden Bezirks.

Tabelle B 1.

Haushaltungen mit Zimmermietern.

	Haushaltungen mit Zimmermietern		Zimmermieter		Auf eine Haushaltung entfallen Zimmermieter
	Zahl	%	Zahl	% der Bevölkerung	
Innere Stadt . . .	688	23,41	1317	9,23	1,9
Nordostvorstadt . .	906	26,86	1634	10,68	1,8
Südostvorstadt . .	1465	28,13	3018	13,16	2,1
Innere Südvorstadt .	2149	30,99	3777	12,45	1,7
Äußere Südvorstadt .	1245	14,84	1642	4,75	1,3
Innere Westvorstadt .	1695	20,85	2741	7,98	1,6
Äußere Westvorstadt	436	18,52	631	6,45	1,4
Innere Nordvorstadt .	573	27,35	964	9,89	1,6
Äußere Nordvorstadt	493	20,15	790	7,10	1,6
L.-Reudnitz . . .	1600	14,14	2141	4,71	1,3
L.-Anger-Crottendorf	357	8,45	449	2,46	1,2
L.-Neureudnitz . .	40	6,94	50	2,17	1,2
L.-Thonberg . . .	86	6,17	98	1,79	1,1
L.-Neuschönefeld . .	150	8,85	177	2,75	1,1
N.-Neustadt . . .	358	11,07	452	3,48	1,2
L.-Volkmarsdorf . .	394	6,66	484	2,09	1,2
L.-Sellerhausen . .	129	4,30	155	1,18	1,2
L.-Neusellerhausen .	41	6,14	45	1,66	1,1
L.-Connewitz . . .	306	5,64	357	1,64	1,1
L.-Lößnig	5	1,02	5	0,21	1,0
L.-Kleinzschocher .	365	7,34	454	1,97	1,2
L.-Schleußig . . .	323	10,37	417	3,39	1,3
L.-Plagwitz . . .	568	13,50	775	4,43	1,3
L.-Lindenau . . .	1042	8,42	1292	2,22	1,2
L.-Gohlis	1018	11,65	1365	3,82	1,3
L.-Eutritzsch . . .	264	7,75	336	2,72	1,2

Die Verhältniszahlen beziehen sich auf die Haushaltungen bezw. die Haushaltungsbevölkerung des betreffenden Bezirks.

Tabelle B 2.

Haushaltungen mit Schlafleuten.

	Haushaltungen mit Schlafleuten		Schlafleute		Auf eine Haushaltung entfallen Schlafleute
	Zahl	%	Zahl	% der Bevölkerung	
Innere Stadt . . .	383	13,03	813	5,70	2,1
Nordostvorstadt . .	311	9,22	572	3,74	1,8
Südostvorstadt . . .	624	11,98	1218	5,36	1,9
Innere Südvorstadt .	876	12,63	1464	4,82	1,6
Äußere Südvorstadt .	713	8,46	1051	3,04	1,4
Innere Westvorstadt .	711	8,74	1159	3,37	1,6
Äußere Westvorstadt	119	5,05	202	2,06	1,7
Innere Nordvorstadt .	261	12,46	492	5,05	1,9
Äußere Nordvorstadt	254	10,38	592	5,32	2,3
L.-Reudnitz . . .	1038	9,18	1502	3,31	1,4
L.-Anger-Crottendorf	479	11,33	613	3,36	1,2
L.-Neureudnitz . .	70	12,15	101	4,38	1,4
L.-Thonberg. . . .	108	7,75	119	2,18	1,1
L.-Neuschönefeld . .	181	10,68	246	3,80	1,3
L.-Neustadt	369	11,41	507	3,90	1,3
L.-Volkmarsdorf . .	595	10,05	794	3,43	1,3
L.-Sellerhausen . .	207	6,90	262	2,02	1,2
L.-Neusellerhausen .	78	11,69	103	3,80	1,3
L.-Connewitz . . .	371	6,84	460	2,12	1,2
L.-Lößnig	11	2,26	13	0,56	1,1
L.-Kleinzschocher .	738	14,84	1154	5,08	1,5
L.-Schleußig . . .	204	6,92	284	2,31	1,4
L.-Plagwitz . . .	692	16,45	1108	6,33	1,6
L.-Lindenau . . .	1675	13,54	2363	4,39	1,4
L.-Gohlis	763	8,73	1084	2,97	1,4
L.-Eutritzsch . . .	303	8,90	449	3,18	1,4

Die Verhältniszahlen beziehen sich auf die Haushaltungen bezw. die Haushaltungsbevölkerung des betreffenden Bezirks.

Das Regulativ über Teilvermietungen in Leipzig vom 5. November 1904.

§ 1. Als Teilvermietung im Sinne dieses Regulativs gilt die Vermietung oder Untervermietung von Teilen einer Wohnung zum Wohnen oder Schlafen (Schlafgängerei).

§ 2. In Wohnungen, die nur aus Stube, Kammer und Küche bestehen oder noch weniger Räume enthalten, ist Teilvermietung verboten.

Dieses Verbot bezieht sich nicht auf Blutsverwandte des Wohnungsinhabers oder seiner Ehefrau und nicht auf Kinder unter 14 Jahren. Auch dürfen einzelne Personen, die eine solche Wohnung allein oder mit Angehörigen desselben Geschlechts inne haben, Personen desselben Geschlechts in ihren Räumen aufnehmen. Einzelstehende ältere Frauen können auch an Männer vermieten.

§ 3. Teilvermietung an Familien mit Kindern ist nur dann gestattet, wenn jede der die Wohnung teilenden Familien mindestens eine Stube und eine Kammer erhält.

§ 4. Küchen, des unmittelbaren Licht- und Luftzutritts entbehrende Räume, Hausflure, Korridore, Keller und offene Hausböden gelten nicht als Stuben und Kammern im Sinne dieses Regulativs und dürfen zu Wohn- oder Schlafzwecken weder von den Wohnungsinhabern noch von den Untermietern benutzt werden. Ein gleiches gilt von solchen Räumen, deren Benutzung zum dauernden Aufenthalte von Menschen aus wohlfahrtspolizeilichen Gründen untersagt worden ist.

§ 5. Bei Aufnahme von Teilmietern ist die gemeinsame Benutzung einer Küche zulässig.

§ 6. Einzelne Teilmieter verschiedenen Geschlechts dürfen in einer Wohnung nur dann aufgenommen werden, wenn sie Räume erhalten, die voneinander vollständig getrennt sind und eigenen Zugang vom Vorsaal aus haben.

§ 7. Die zur Aufnahme von Teilmietern benutzten Räume müssen von den eigenen Wohn- und Schlafräumen der Wohnungsinhaber und ihrer Familien vollständig getrennt sein und eigenen Zugang vom Vorsaal aus haben. Es ist jedoch die in § 2 Abs. 2 festgestellte Ausnahme zulässig. Außerdem ist gestattet, daß Angehörige des Wohnungsinhabers mit Teilmietern desselben Geschlechts den nämlichen Schlafraum benutzen.

§ 8. Die Teilvermietung ist in jedem Falle nur an so viel Personen zulässig, daß auf jede in der Wohnung schlafende Person ohne Unterschied des Alters und ohne Unterschied, ob sie zur Familie des Haushaltungsvorstandes gehört oder nicht, mindestens 10 cbm Luftraum und mindestens $3^1/_2$ qm Bodenfläche des Schlafraums kommen. Für je drei Familien ist mindestens ein besonderer Abort notwendig. Die Betten dürfen nicht übereinander gestellt werden. Bei Aufnahmen von einzelnen Personen hat jede ein eignes Bett zu erhalten.

§ 9. Alle zu Wohn- und Schlafzwecken an Teilmieter überlassenen Räume sind wohnlich und sauber zu erhalten.

§ 10. Teilmieter, die den Bestimmungen des Regulativs zuwider aufgenommen wurden, sind binnen einer vom Rate von Fall zu Fall festzusetzenden angemessenen Frist aus den Wohnungen zu entfernen.

§ 11. Die Bestimmungen dieses Regulativs sind nach Ablauf eines Jahres von Inkrafttreten auch auf diejenigen Wohnungen anzuwenden, in denen beim Verkünden des Regulativs bereits Teilvermietung bestand.

§ 12. Der Rat ist befugt, die Teilvermietung zu untersagen, wenn Tatsachen vorliegen, die die Unzuverlässigkeit der Vermieters in sittlicher Beziehung dartun.

§ 13. Dem Rate bleibt das Recht vorbehalten, in Fällen, in denen die Handhabung dieses Regulativs zu Härten und Unbilligkeiten führen würde, von einzelnen Bestimmungen desselben zu dispensieren.

§ 14. Zuwiderhandlungen gegen vorstehende Vorschriften werden mit Geldstrafe bis zu 60 Mk. oder mit Haft bis zu 14 Tagen bestraft.

Robert Noske, Borna-Leipzig, Großbetrieb für Dissertationsdruck.

Kolibri 360 GmbH
Ferdinand-Jühlke-Straße 7
99095 Erfurt, Deutschland
produktsicherheit@kolibri360.de